# Mis colmillos son blancos y afilados

## por Jessica Rudolph

Consultores:
Christopher Kuhar, PhD
Director Ejecutivo
Zoológicos de la ciudad de Cleveland, Ohio

Kimberly Brenneman, PhD
Instituto Nacional para la Investigación de la Educación Temprana
Universidad de Rutgers
New Brunswick, Nueva Jersey

BEARPORT
PUBLISHING

**Créditos**

Cubierta, © Photoshot Holdings Ltd/Alamy; 4–5, © Michael Fogden/Photoshot;
6–7, © Daniel Gomez/NPL/Minden Pictures; 8–9, © Michael & Patricia Fogden/
Corbis; 10–11, © Michael & Patricia Fogden; 12–13, © Michael Lynch/Alamy;
14–15, © Barry Mansell/NaturePL; 16–17, © Photoshot Holdings Ltd/Alamy;
18–19, © iStockphoto/Thinkstock; 20–21, © iStockphoto/Thinkstock; 22, © Barry
Mansell/NaturePL; 23, © iStockphoto/Thinkstock; 24, © Joel Sartore.

Editor: Kenn Goin
Director creativo: Spencer Brinker
Diseñadora: Debrah Kaiser
Editora de fotografía: We Research Pictures, LLC.
Editora de español: Queta Fernandez

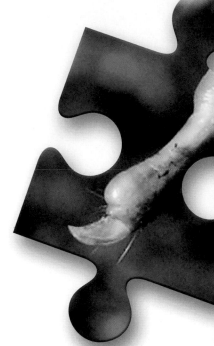

*Datos de catalogación de la Biblioteca del Congreso*

Rudolph, Jessica, author.
  [My fangs are white and sharp. Spanish]
  Mis colmillos son blancos y afilados / by Jessica Rudolph; consultores: Christopher
Kuhar, PhD, Director Ejecutivo, Zoológicos de la ciudad de Cleveland, Ohio; Kimberly Brenneman,
PhD, Instituto Nacional para la Investigación de la Educación Temprana, Universidad de Rutgers,
New Brunswick, Nueva Jersey.
     pages cm. — (Pistas de animales)
  Audience: Ages 4–8.
  Includes bibliographical references and index.
  ISBN 978-1-62724-580-7 (library binding) — ISBN 1-62724-580-4 (library binding)
1.  Vampire bats—Juvenile literature.  I. Title.
  QL737.C52R8318 2015
  599.4'5—dc23
                              2014031741

Para más información, escriba a Bearport Publishing Company, Inc., 45 West 21st Street, Suite 3B,
New York, New York 10010. Impreso en los Estados Unidos de América.

10 9 8 7 6 5 4 3 2 1

# Contenido

# ¿Qué soy?

Mira mi nariz.

Es pequeña
y plana.

5

Tengo dos patas.

6

Cada una tiene
cinco garras.

8

Tengo orejas
grandes y
puntiagudas.

9

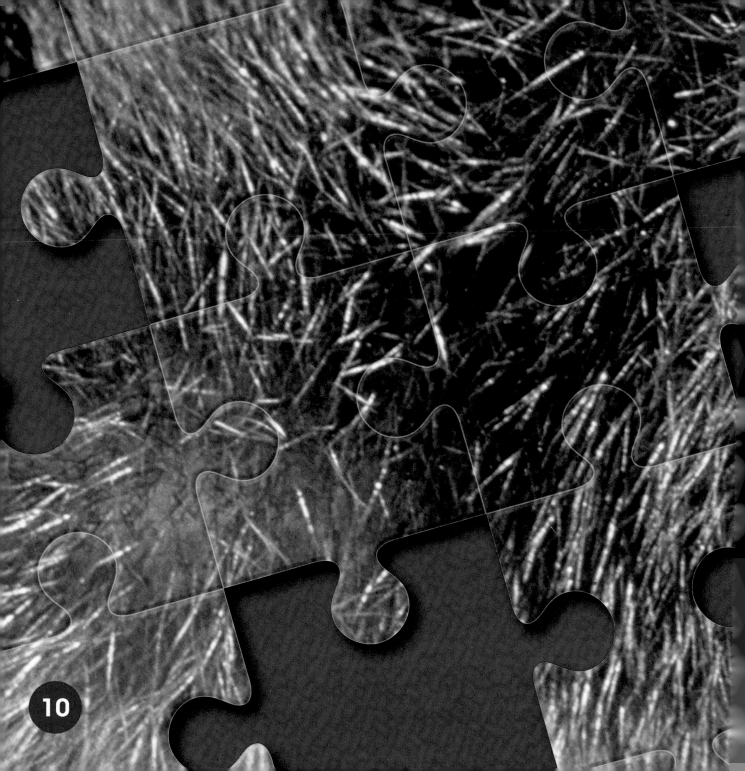

Mi pelaje es corto
y de color marrón.

Tengo dos
pulgares largos.

12

Cada uno tiene
una garra curva.

13

Mis alas son
anchas.

No tienen
plumas.

Mis colmillos
son blancos
y afilados.

16

17

¿Qué soy?

¡Vamos a averiguarlo!

¡Soy un murciélago vampiro!

# Datos sobre el animal

Los murciélagos vampiro son mamíferos. Como casi todos los mamíferos dan a luz criaturas vivas. Las crías beben leche de la madre. Los murciélagos son los únicos mamíferos que pueden volar. Sus alas están hechas de una piel muy delgada.

## Más datos sobre los murciélagos vampiro

| | |
|---|---|
| **Comida:** | sangre de vacas, cerdos y caballos |
| **Tamaño:** | alrededor de 3,5 pulgadas (9 cm) de largo, y 7 pulgadas (18 cm) de una punta a otra de las alas extendidas |
| **Peso:** | alrededor de 2 onzas (57 g) |
| **Esperanza de vida:** | alrededor de 9 años en su ambiente natural |
| **Dato curioso:** | El murciélago vampiro no chupa sangre. Usa los colmillos para cortar la piel de un animal dormido. Luego, lame la sangre con la lengua. |

Tamaño de un murciélago vampiro adulto

# ¿Dónde vivo?

Los murciélagos vampiro viven en partes de América del Norte y del Sur. Hacen sus casas en cuevas y en otros lugares oscuros y escondidos.

Océano Ártico

AMÉRICA DEL NORTE

EUROPA

ASIA

Océano Atlántico

ÁFRICA

Océano Pacífico

AMÉRICA DEL SUR

Océano Índico

Océano Pacífico

AUSTRALIA

N

O · E

S

Océano Antártico

ANTÁRTIDA

AMÉRICA DEL NORTE

Océano Atlántico

AMÉRICA DEL SUR

Donde viven los murciélagos vampiro

# Índice

## Lee más

**Carney, Elizabeth.** *Bats (National Geographic Readers).* Washington, D.C.: National Geographic (2010).

**Somervill, Barbara A.** *Vampire Bats: Hunting for Blood (Bloodsuckers).* New York: Rosen (2008).

## Aprende más en línea

Para aprender más sobre los murciélagos vampiro, visita
**www.bearportpublishing.com/ZooClues**

## Acerca de la autora

Jessica Rudolph vive en Connecticut. Ha escrito y editado muchos libros para niños sobre historia, ciencia y naturaleza.